AF221980

Impressum
Verlag: BABADADA GmbH, Nedderfeld 112 , 22529 Hamburg
Geschäftsführer / Verlagsleitung: Harald Hof
Druck: Books on Demand GmbH, In de Tarpen 42, 22848 Norderstedt

Imprint
Publisher: BABADADA GmbH, Nedderfeld 112 , 22529 Hamburg, Germany
Managing Director / Publishing direction: Harald Hof
Print: Books on Demand GmbH, In de Tarpen 42, 22848 Norderstedt, Germany

škola
škola

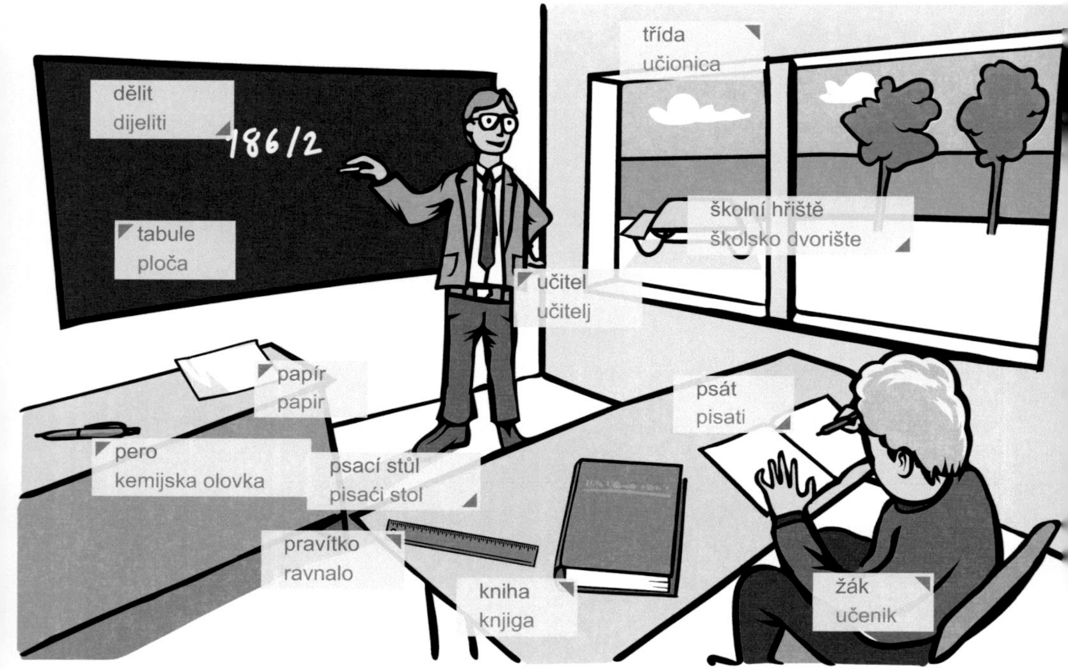

třída
učionica
dělit
dijeliti
186/2
tabule
ploča
školní hřiště
školsko dvorište
učitel
učitelj
papír
papir
psát
pisati
pero
kemijska olovka
psací stůl
pisaći stol
pravítko
ravnalo
kniha
knjiga
žák
učenik

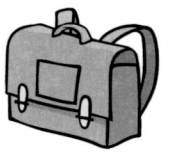

aktovka

torba

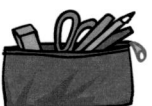

penál

pernica

tužka

grafitna olovka

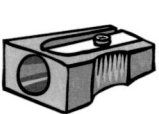

ořezávátko

šiljilo za olovke

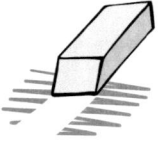

guma

gumica za brisanje

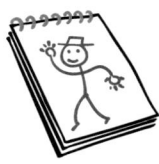

blok na kreslení

blok za crtanje

výkres

crtež

štětec

kist

malířské potřeby

kutija s bojama

nůžky

makaze

lepidlo

ljepilo

cvičebnice

bilježnica

domácí úkol

domaći zadatak

počet

broj

sčítat

sabirati

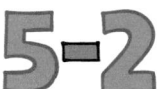

odčítat

oduzimati

násobit

množiti

počítat

računati

písmeno

slovo

abeceda

abeceda

slovo

riječ

text

tekst

číst

čitati

křída

kreda

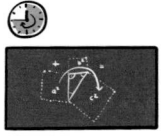

hodina

sat

třídní kniha

dnevnik

zkouška

ispit

vysvědčení

svjedodžba

školní uniforma

školska uniforma

vzdělání

obrazovanje

encyklopedie

leksikon

univerzita

sveučilište

mikroskop

mikroskop

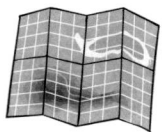

karta

karta

odpadkový koš na papír

košara za papir

4

škola - škola

hotel
hotel

ubytovna
prenoćište

ROOMS

směnárna
mjenjačnica

EXCHANGE

kufr
kofer

auto
auto

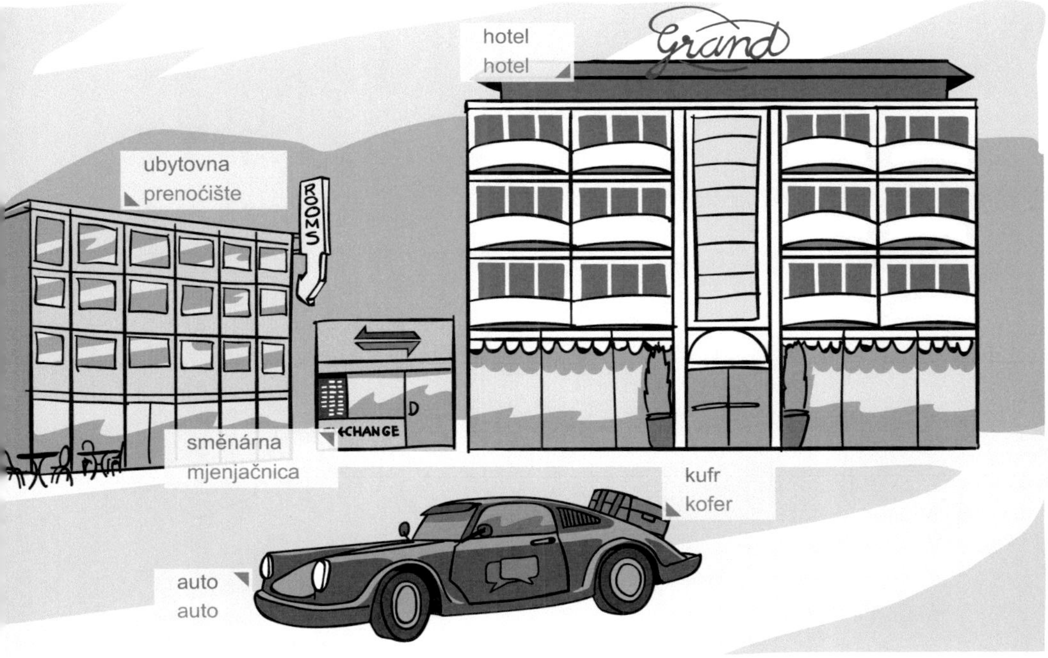

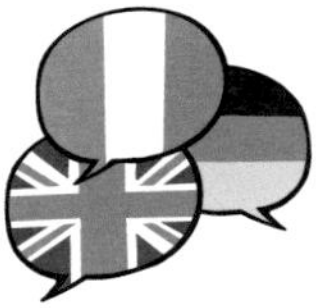

jazyk
jezik

ano / ne
da / ne

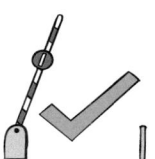

oukej
okay

Ahoj!
zdravo

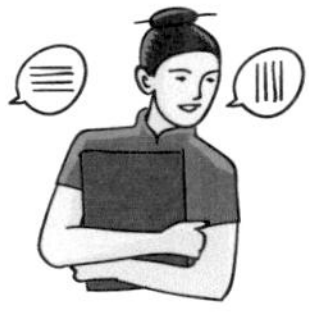

překladatel
prevoditelj

děkuji
hvala

Kolik stojí...?

Koliko košta...?

nerozumím

ne razumijem

problém

problem

Dobrý večer!

dobro veče!

Dobré ráno!

Dobro jutro!

Dobrou noc!

Laku noć!

na shledanou

doviđenja

směr

smjer

zavazadlo

prtljaga

taška

torba

batoh

ruksak

host

gost

pokoj

soba

spací pytel

vreća za spavanje

stan

šator

turistické informace

turističke informacije

pláž

plaža

kreditní karta

kreditna kartica

snídaně

doručak

oběd

ručak

večeře

večera

jízdenka

karta za vožnju

výtah

dizalo

poštovní známka

poštanska markica

hranice

granica

clo

carina

poselství

ambasada

vízum

viza

pas

putovnica

transport

transport

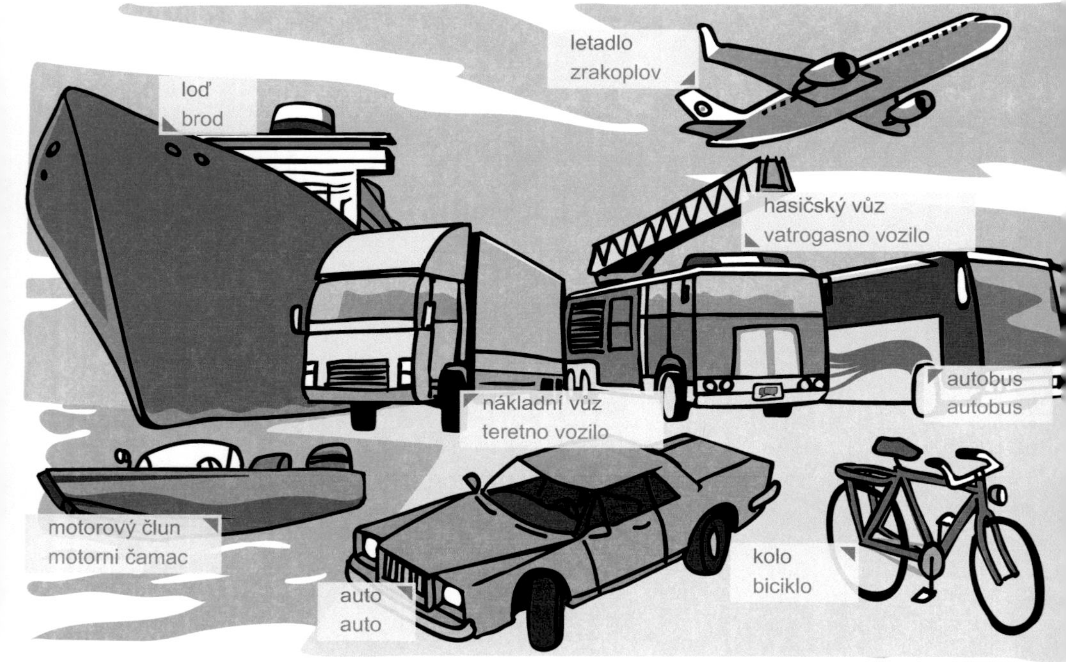
letadlo
zrakoplov
loď
brod
hasičský vůz
vatrogasno vozilo
autobus
autobus
nákladní vůz
teretno vozilo
motorový člun
motorni čamac
kolo
biciklo
auto
auto

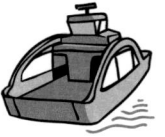

přívoz

trajekt

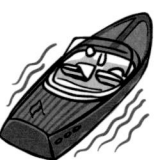

člun

čamac

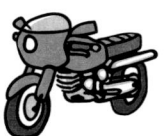

motorka

motocikl

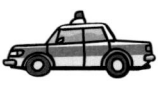

policejní auto

policijski auto

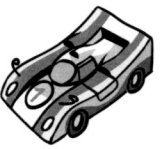

závodní auto

trkaći auto

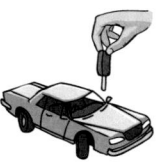

pronajaté auto

iznajmljeno auto

sdílení aut

dijeljenje automobila

odtahová služba

vučno vozilo

popelářský vůz

vozilo za odvoz smeća

motor

motor

palivo

benzin

čerpací stanice

benzinska postaja

dopravní značka

prometni znak

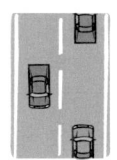

doprava

promet

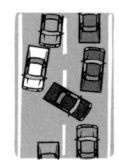

dopravní zácpa

zastoj

parkoviště

parkiralište

vlakové nádraží

kolodvor

koleje

šine

vlak

vlak

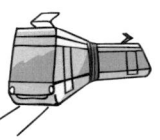

tramvaj

tramvaj

vagón

vagon

helikoptéra

helikopter

letiště

zrakoplovna luka

věž

toranj

pasažér

putnik

kontejner

kontejner

kartón

karton

trakař

kolica

koš

košara

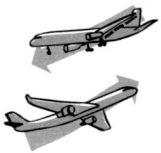

vzlétnout / přistát

uzletjeti / sletjeti

město
grad

vesnice

selo

střed města

centar grada

dům

kuća

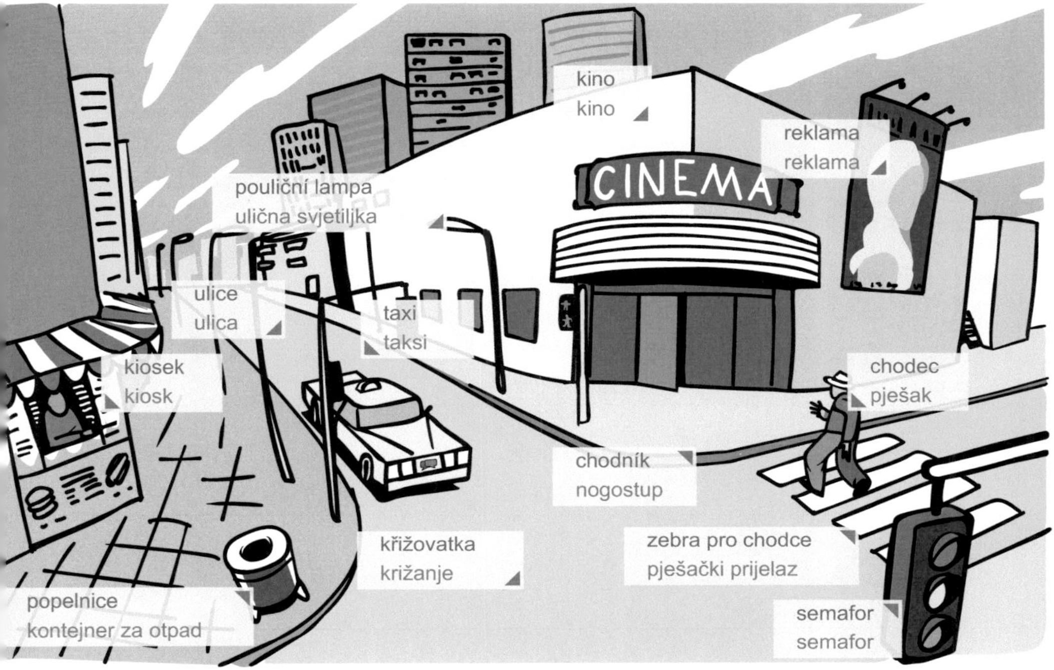

kino
kino

reklama
reklama

pouliční lampa
ulična svjetiljka

CINEMA

ulice
ulica

taxi
taksi

chodec
pješak

kiosek
kiosk

chodník
nogostup

křižovatka
križanje

zebra pro chodce
pješački prijelaz

popelnice
kontejner za otpad

semafor
semafor

chata
koliba

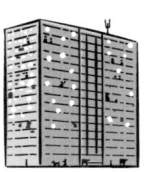

byt
stan

vlakové nádraží
kolodvor

radnice
vijećnica

muzeum
muzej

škola
škola

univerzita

sveučilište

banka

banka

nemocnice

bolnica

hotel

hotel

lékárna

ljekarna

kancelář

ured

knihkupectví

knjižara

obchod

prodavaonica

květinářství

cvjećara

supermarket

supermarket

tržnice

trg

obchodní dům

robna kuća

rybárna

ribarnica

nákupní centrum

trgovački centar

přístav

luka

park

park

lavička

klupa

most

most

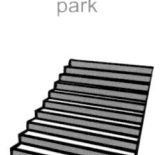

schody

stepenice

metro

podzemna željeznica

tunel

tunel

autobusová zastávka

autobusna stanica

bar

bar

restaurace

restoran

poštovní schránka

poštansko sanduče

pouliční tabule

ulični znak

parkovací hodiny

parkirni sat

zoo

zoološki vrt

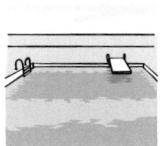

plovárna

bazen

mešita

džamija

usedlost
seosko gazdinstvo

znečišťování životního prostředí
zagađenje okoliša

hřbitov
groblje

církev
crkva

hřiště
igralište

chrám
hram

krajina
krajolik

list
list

rozcestník
putokaz

cesta
put

louka
livada

kámen
kamen

turista
šetač

strom
drvo

řeka
rijeka

tráva
trava

květina
cvijet

údolí
dolina

hora
planina

jezero
jezero

les
šuma

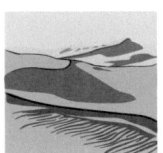

poušť
pustinja

sopka
vulkan

zámek
dvorac

duha
duga

houba
gljiva

palma
palma

komár
moskito

moucha
muha

mravenec
mrav

včela
pčela

pavouk
pauk

krajina - krajolik

brouk

buba

žába

žaba

veverka

vjeverica

ježek

jež

zajíc

zec

sova

sova

pták

ptica

labuť

labud

divoké prase

divlja svinja

jelen

jelen

los

los

přehrada

nasip

větrné kolo

vjetrenjača

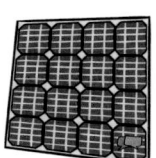

solární panel

solarna ploča

podnebí

klima

restaurace
restoran

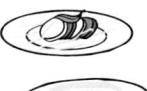

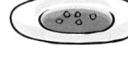

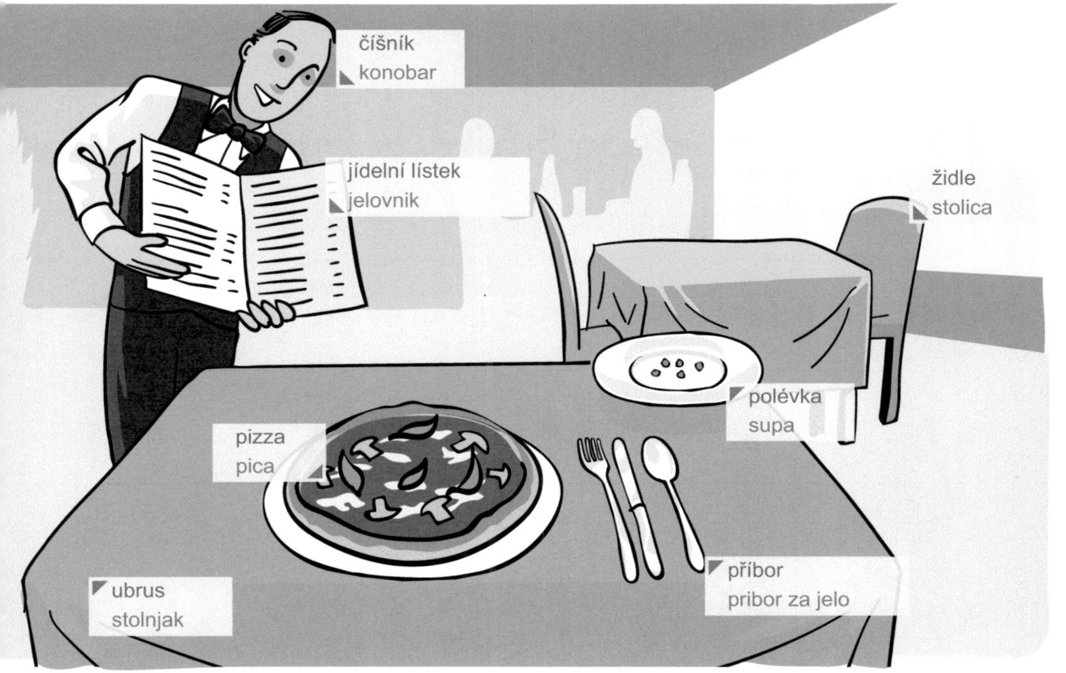

číšník
konobar
jídelní lístek
jelovník
židle
stolica
polévka
supa
pizza
pica
příbor
pribor za jelo
ubrus
stolnjak

předkrm

predjelo

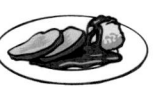

hlavní chod

glavno jelo

dezert

desert

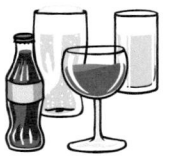

nápoje

napitci

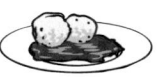

jídlo

jelo

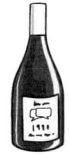

láhev

boca

rychlé občerstvení

fastfood

pouliční občerstvení

imbis hrana

čajová konvice

čajnik

cukřenka

doza za šećer

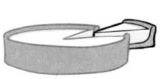

porce

porcija

kávovar na espresso

aparat za espresso

dětská stolička

visoka stolica

faktura

račun

tác

pladanj

nůž

nož

vidlička

vilica

lžíce

žlica

čajová lyžička

čajna žlica

ubrousek

ubrus

sklenička

čaša

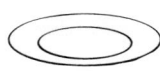

talíř

tanjur

talíř na polévku

tanjur za supu

podšálek

tanjurić

omáčka

sos

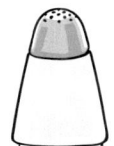

slánka

soljenka

mlýnek na pepř

mlin za biber

ocet

ocat

olej

ulje

koření

začini

kečup

kečap

hořčice

senf

majonéza

majoneza

supermarket

supermarket

nabídka
ponuda
zákazník
kupac
FOR
mléčné výrobky
mliječni proizvodi
ovoce
voće
nákupní vozík
kolica za kupnju

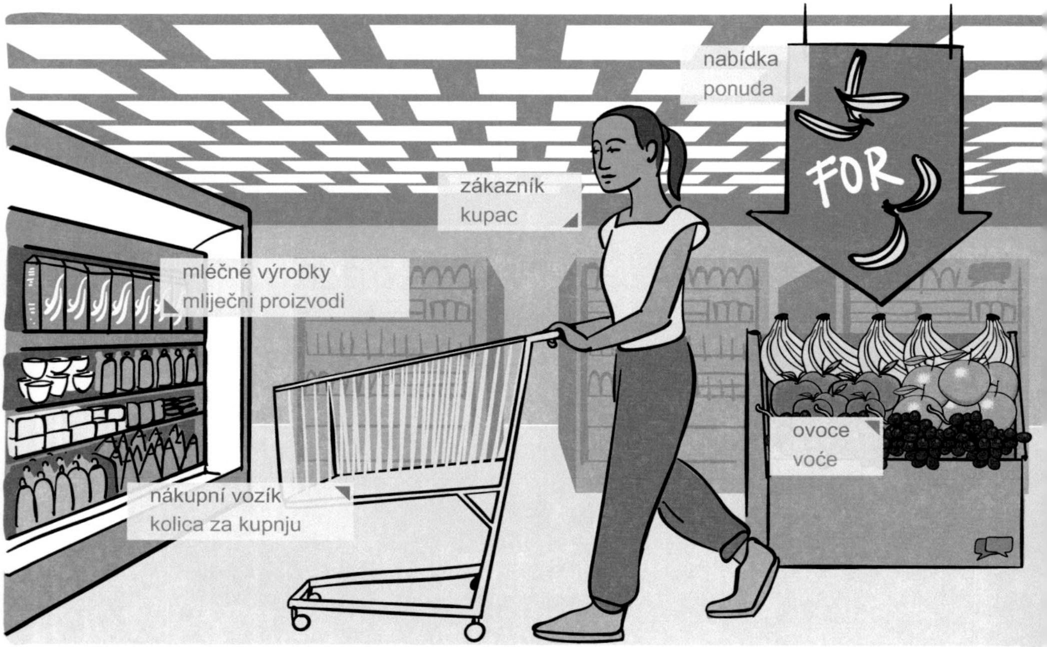

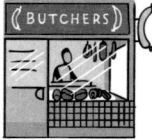

BUTCHERS

masna

mesnica

BAKERY

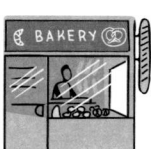

pekařství

pekarnica

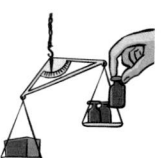

vážit

vagati

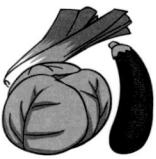

zelenina

povrće

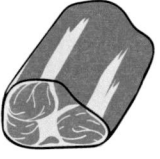

maso

meso

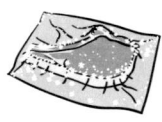

mražené potraviny

duboko smrznuta hrana

obložený talíř

narezak

konzervy

konzerve

prací prášek

sredstvo za pranje

cukrovinky

slatkiši

výrobky pro domácnost

artikli za domaćinstvo

čisticí prostředek

sredstva za čišćenje

prodavačka

prodavačica

pokladna

blagajna

pokladní

blagajnik

nákupní seznam

lista za kupnju

otevírací doba

vrijeme rada

peněženka

novčanik

kreditní karta

kreditna kartica

taška

torba

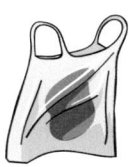

igelitová taška

plastična vrećica

voda

voda

džus

sok

mléko

mlijeko

kola

cola

víno

vino

pivo

pivo

alkohol

alkohol

kakao

kakao

čaj

čaj

káva

kava

espresso

espresso

kapučíno

cappuccino

banán

banana

jablko

jabuka

pomeranč

naranča

meloun

lubenica

citrón

limun

mrkev

mrkva

česnek

češnjak

bambus

bambus

cibule

luk

houba

gljiva

ořechy

orašasti plodovi

těstoviny

rezanci

špageti

špagete

rýže

riža

salát

salata

hranolky

pomfrit

americké brambory

pečeni krumpir

pizza

pica

hamburger

hamburger

sendvič

sendvič

řízek

šnicla

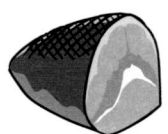

šunka

pršut

salám

salama

salám

kobasica

kuře

kokoš

pečeně

pečenje

ryby

riba

ovesné vločky

zobene pahuljice

müsli

musli

vločky

kukuruzne pahuljice

mouka

brašno

croissant

roščić

houska

pecivo

chléb

kruh

toast

toast

sušenky

keksi

máslo

maslac

tvaroh

svježi sir

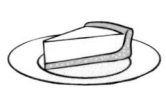

buchta

kolač

vejce

jaje

volské oko

jaje na oko

sýr

sir

zmrzlina

sladoled

cukr

šećer

med

med

marmeláda

marmelada

nugátový krém

nugat krema

kari

curry

usedlost
seosko gazdinstvo

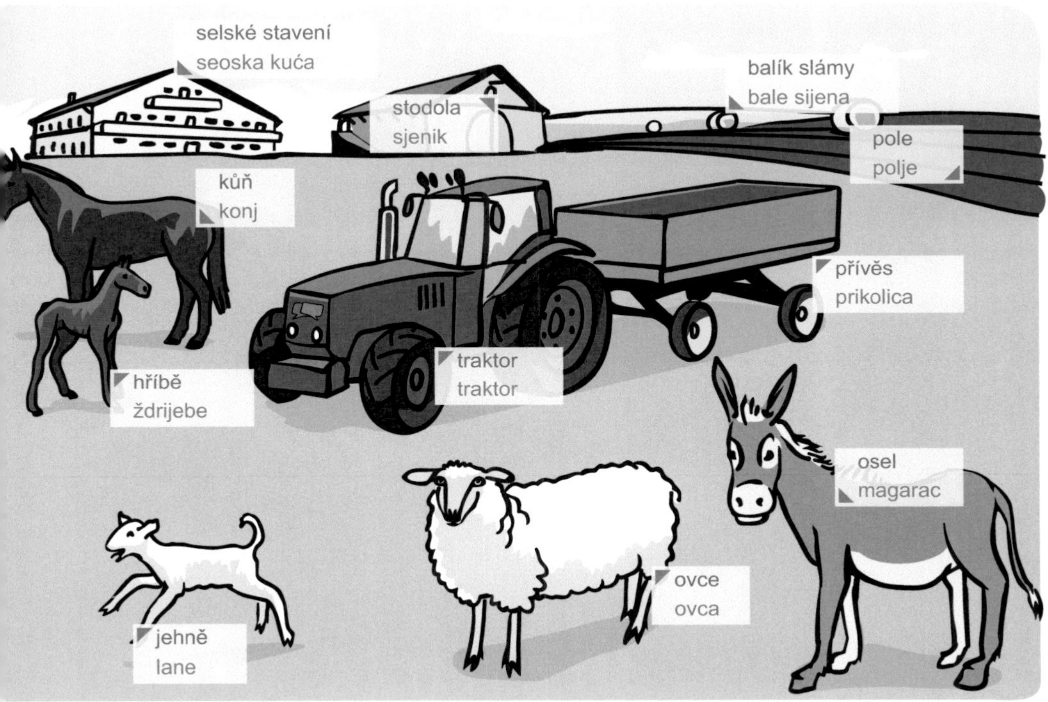
selské stavení
seoska kuća
stodola
sjenik
balík slámy
bale sijena
pole
polje
kůň
konj
přívěs
prikolica
traktor
traktor
hříbě
ždrijebe
osel
magarac
ovce
ovca
jehně
lane

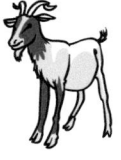

koza

koza

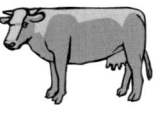

kráva

krava

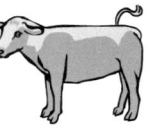

tele

tele

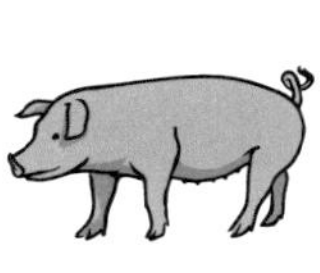

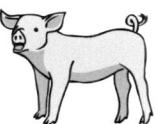

prase

svinja

sele

prase

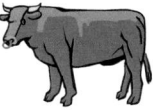

býk

bik

husa
guska

kachna
patka

kuře
pilići

slepice
kokoš

kohout
pijetao

krysa
pacov

kočka
mačka

myš
miš

vůl
vol

pes
pas

psí bouda
kućica za psa

zahradní hadice
vrtno crijevo

kropicí konev
kanta za polijevanje

kosa
kosa

pluh
plug

srp
srp

motyka
motika

vidle
vilica za gnojivo

sekera
sjekira

kolecko
tačke

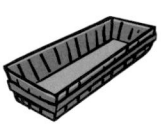

koryto
korito

konev na mléko
posuda za mlijeko

pytel
vreća

plot
ograda

stáj
štala

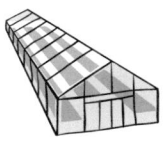

skleník
staklenik

půda
zemlja

osivo
sjeme

hnojivo
gnojivo

kombajn
kombajn

sklidit

žanjati

sklizeň

žetva

smldinec

yams začin

pšenice

pšenica

sója

soja

brambora

krumpir

kukuřice

kukuruz

řepka

uljana repica

ovocný strom

voćka

maniok

gomolj manioke

obilí

žitarice

dům
kuća

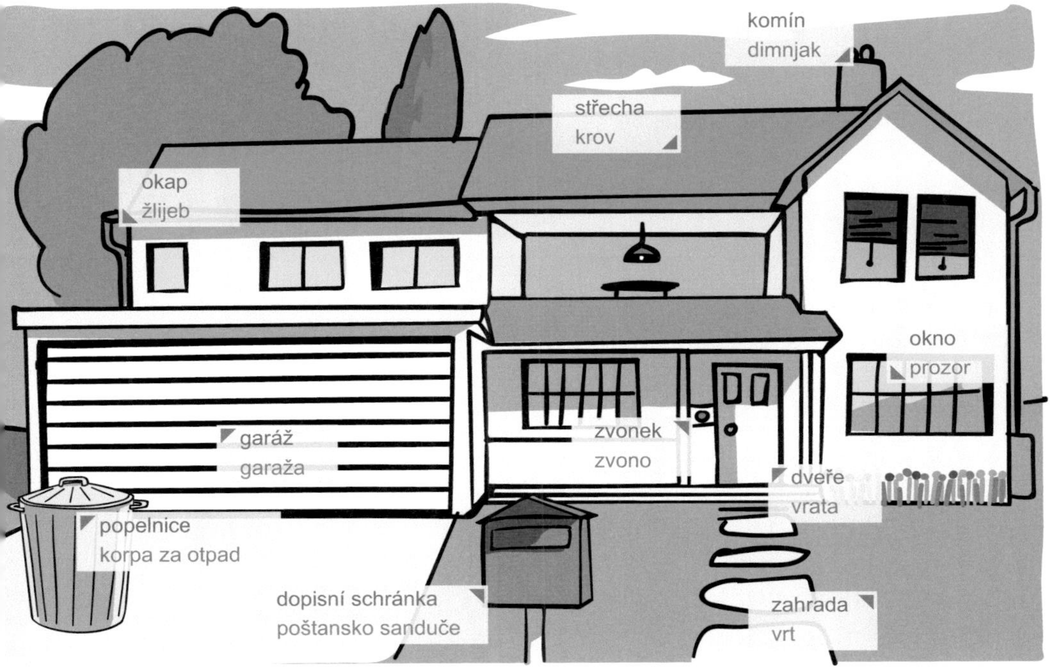
komín
dimnjak
střecha
krov
okap
žlijeb
okno
prozor
garáž
garaža
zvonek
zvono
dveře
vrata
popelnice
korpa za otpad
dopisní schránka
poštansko sanduče
zahrada
vrt

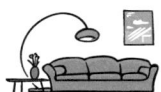

obývací pokoj

dnevna soba

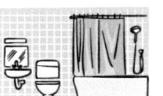

koupelna

kupaonica

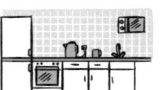

kuchyně

kuhinja

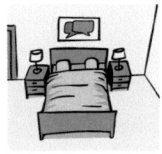

ložnice

spavaća soba

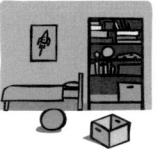

dětský pokoj

dječija soba

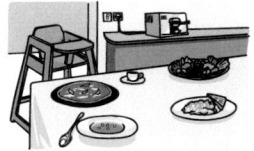

jídelna

trpezarija

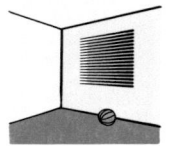

podlaha
pod

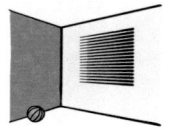

zeď
zid

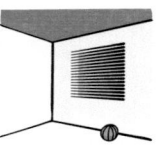

deka
strop

sklep
podrum

sauna
sauna

balkón
balkon

terasa
terasa

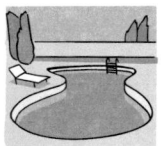

bazén
bazen

sekačka na trávu
kosilica za travu

ložní prádlo
posteljina za krevet

lůžková přikrývka
deka za krevet

postel
krevet

smeták
metla

kýbl
kanta

vypínač
sklopka

obývací pokoj
dnevna soba

tapeta
tapeta
obrázek
slika
žárovka
svjetiljka
police
regal
skříň
ormar
televizor
televizija
komín
kamin
květina
cvijet
polštář
jastuk
gauč
kauč
váza
vaza
dálkový ovladač
daljinski upravljač

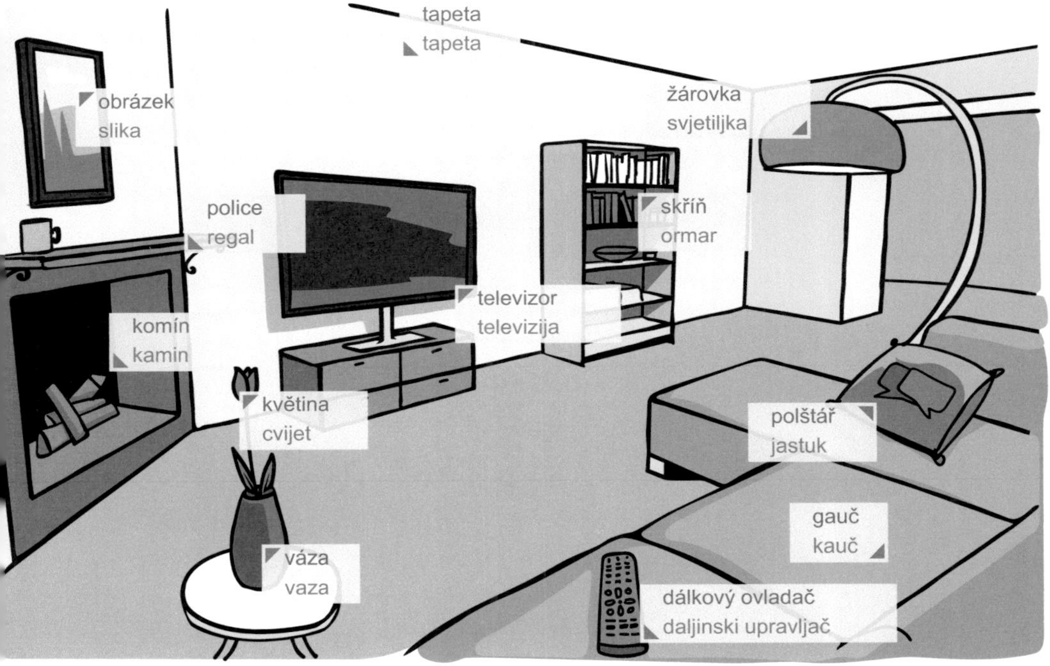

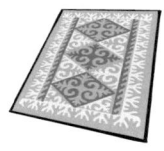

koberec

tepih

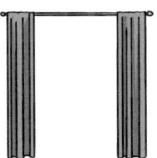

závěs

zavjesa

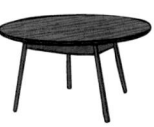

stůl

stol

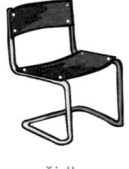

židle

stolica

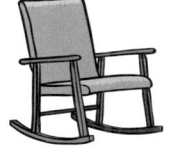

houpací křeslo

stolica za njihanje

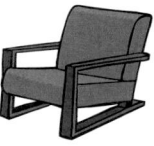

křeslo

fotelja

kniha

knjiga

strop

deka

ozdoba

dekoracija

palivové dříví

drvo za ogrjev

film

film

stereo souprava

stereo uređaj

klíč

ključ

noviny

novine

malba

slika na platnu

plakát

poster

rádio

radio

poznámkový blok

blok za pisanje

vysavač

usisavač

kaktus

kaktus

svíce

svijeća

kuchyně
kuhinja

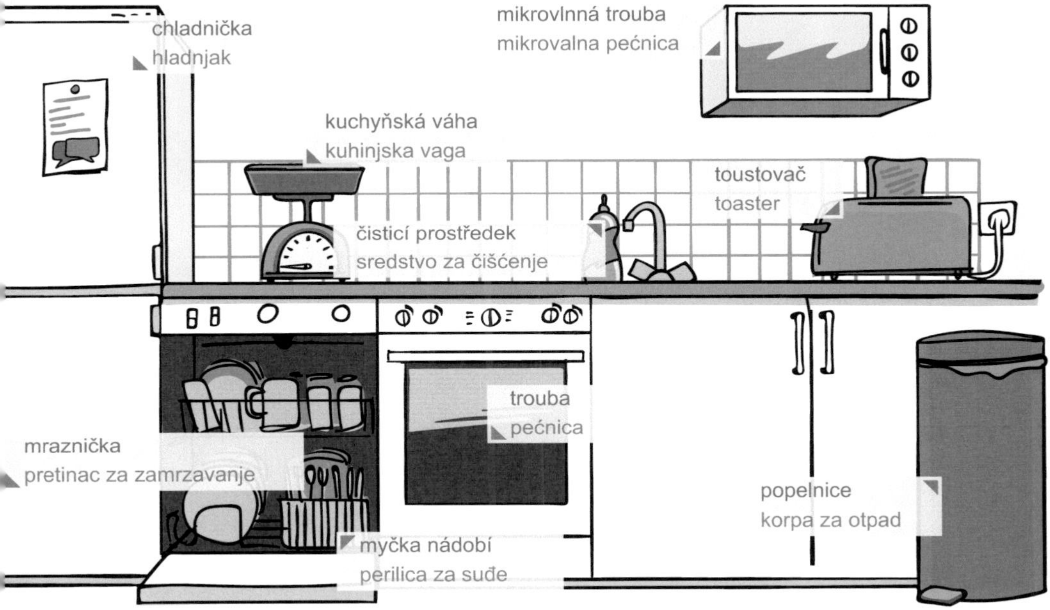
chladnička
hladnjak
mikrovlnná trouba
mikrovalna pećnica
kuchyňská váha
kuhinjska vaga
toustovač
toaster
čisticí prostředek
sredstvo za čišćenje
trouba
pećnica
mraznička
pretinac za zamrzavanje
popelnice
korpa za otpad
myčka nádobí
perilica za suđe

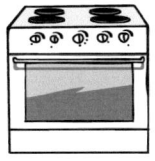

sporák

štednjak

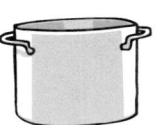

hrnec

lonac

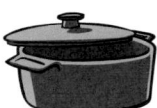

litinový hrnec

željezni lonac

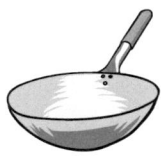

wok / kadai

wok / kadai

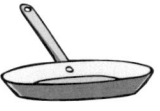

pánev

tava

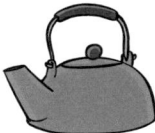

varná konvice

kuhalo za vodu

parní hrnec

kuhalo na paru

plech na pečení

lim za pečenje

nádobí

posuđe

hrnek

čaša

miska

zdjela

jídelní hůlky

štapići za jelo

naběračka

kutljača

obracečka

lopatica

metla

pjenjača

síto

sito za kuhanje

cedník

sito

struhadlo

ribež

hmoždíř

mužar

gril

roštilj

ohniště

ognjište

prkénko na krájení
....
daska

váleček na těsto
....
oklagija

vývrtka
....
vadičep

dóza
....
konzerva

otvírák na konzervy
....
otvarač konzervi

chňapka
....
krpa za lonac

umyvadlo
....
sudoper

kartáč na nádobí
....
četka

houba
....
spužva

mixér
....
mikser

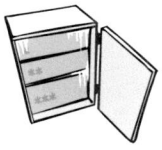

mrazák
....
zamrzivač

dětská lahev
....
bočica za bebe

kohoutek
....
slavina za vodu

koupelna
kupaonica

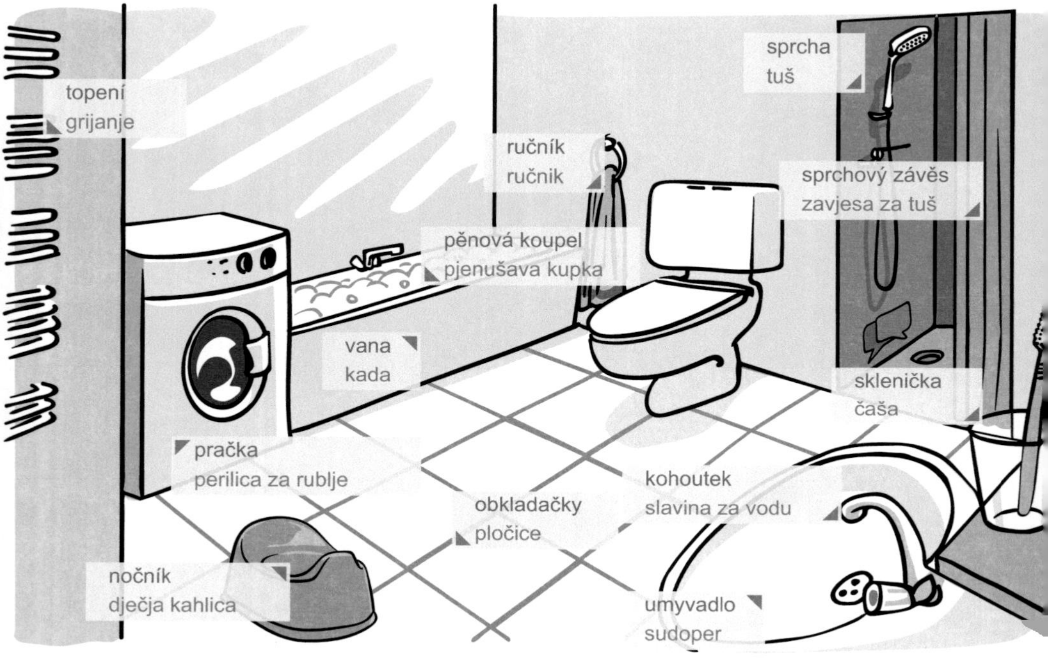

sprcha
tuš

topení
grijanje

ručník
ručnik

sprchový závěs
zavjesa za tuš

pěnová koupel
pjenušava kupka

vana
kada

sklenička
čaša

pračka
perilica za rublje

obkladačky
pločice

kohoutek
slavina za vodu

nočník
dječja kahlica

umyvadlo
sudoper

záchod

toalet

turecký záchod

čučavac

bidet

bidet

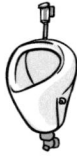

pisoár

pisoar

toaletní papír

papir za toalet

záchodová štětka

četka za toalet

zubní kartáček

četkica za zube

zubní pasta

pasta za zube

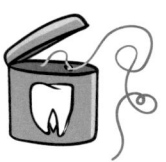

zubní niť

konac za zube

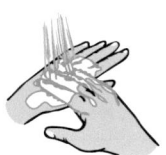

mýt

prati

ruční sprcha

tuš ručica

intimní sprcha

tuš za pranje intimnih dijelova

umyvadlo

lavor

kartáč na záda

četka za pranje leđa

mýdlo

sapun

sprchový gel

gel za tuširanje

šampón

šampon

žínka

krpa za pranje

odpad

odvod

krém

krema

deodorant

dezodorans

zrcadlo

ogledalo

kosmetické zrcátko

kozmetičko ogledalo

holicí strojek

brijač

pěna na holení

pjena za brijanje

voda po holení

losion za poslije brijanja

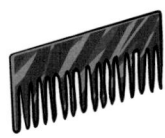

hřeben

češalj

kartáč

četka

fén

sušilo za kosu

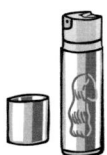

lak na vlasy

sprej za kosu

makeup

makeup

rtěnka

ruž za usne

lak na nehty

lak za nokte

vata

vata

nůžky na nehty

škare za nokte

parfém

parfem

ška s toaletními potřebami

neseser

stolička

stolica

váha

vaga

župan

ogrtač

gumové rukavice

rukavice za čišćenje

tampón

tampon

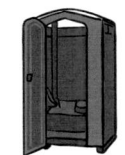

dámská vložka

uložak

chemická toaleta

kemijski toalet

dětský pokoj
dječija soba

budík
budilnik
plyšová hračka
plišana igračka
autíčko
auto igračka
chrastítko
zvečka
domeček pro panenky
kućica za lutke
dárek
poklon

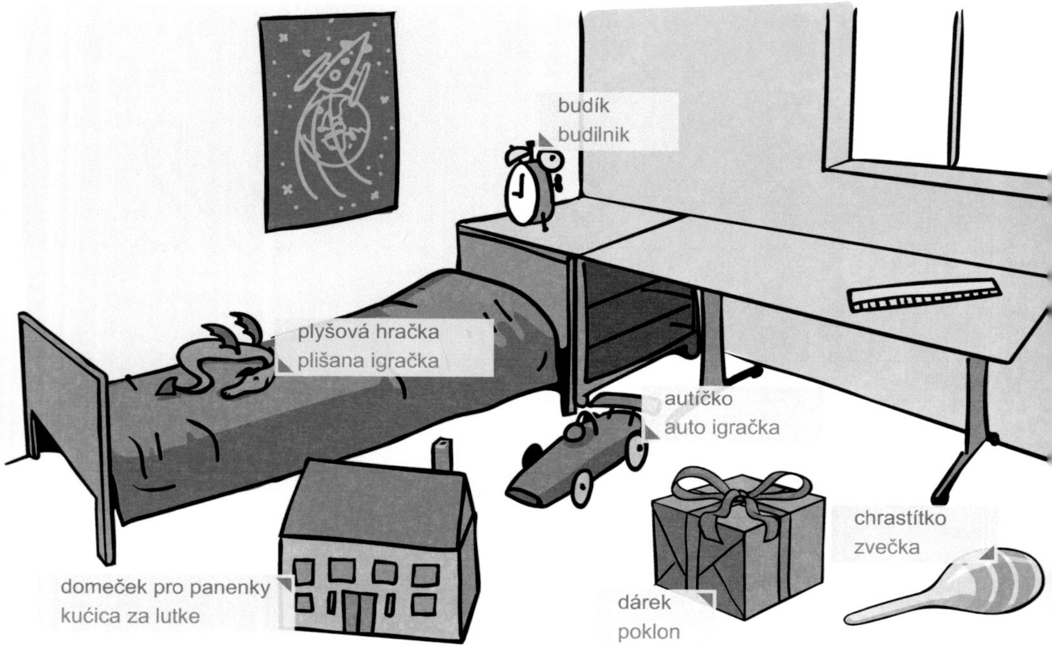

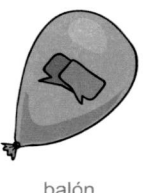

balón
balon

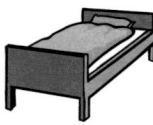

postel
krevet

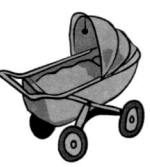

kočárek
dječija kolica

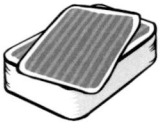

balíček karet
igra s kartama

puzzle
slagalica

SUPER MEGA

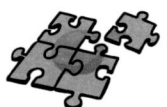

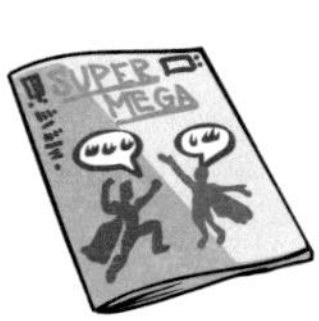

komiks
strip

lego kostky

lego kockice

stavebnice

kockice za slaganje

akční figurka

akcioni junak

dupačky

kombinezon za bebe

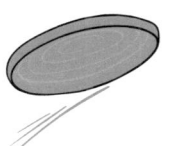

frisbee

frizbi

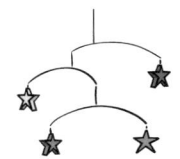

závěsné hračky nad
postýlku
viseće igračke

desková hra

društvene igre

kostky

kocka

modelová železnice

minijaturna željeznica

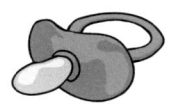

dudlík

duda

oslava

tulum

obrázková kniha

slikovnica

míč

lopta

panenka

lutka

hrát si

igrati

pískoviště

pješčanik

houpačka

ljuljačka

hračky

igračka

hrací konzole

konzola za igre

tříkolka

tricikl

medvídek

plišani medo

šatník

ormar

oblečení
odjeća

ponožky

kratke čarape

punčochy

čarape

punčochové kalhoty

hulahopke

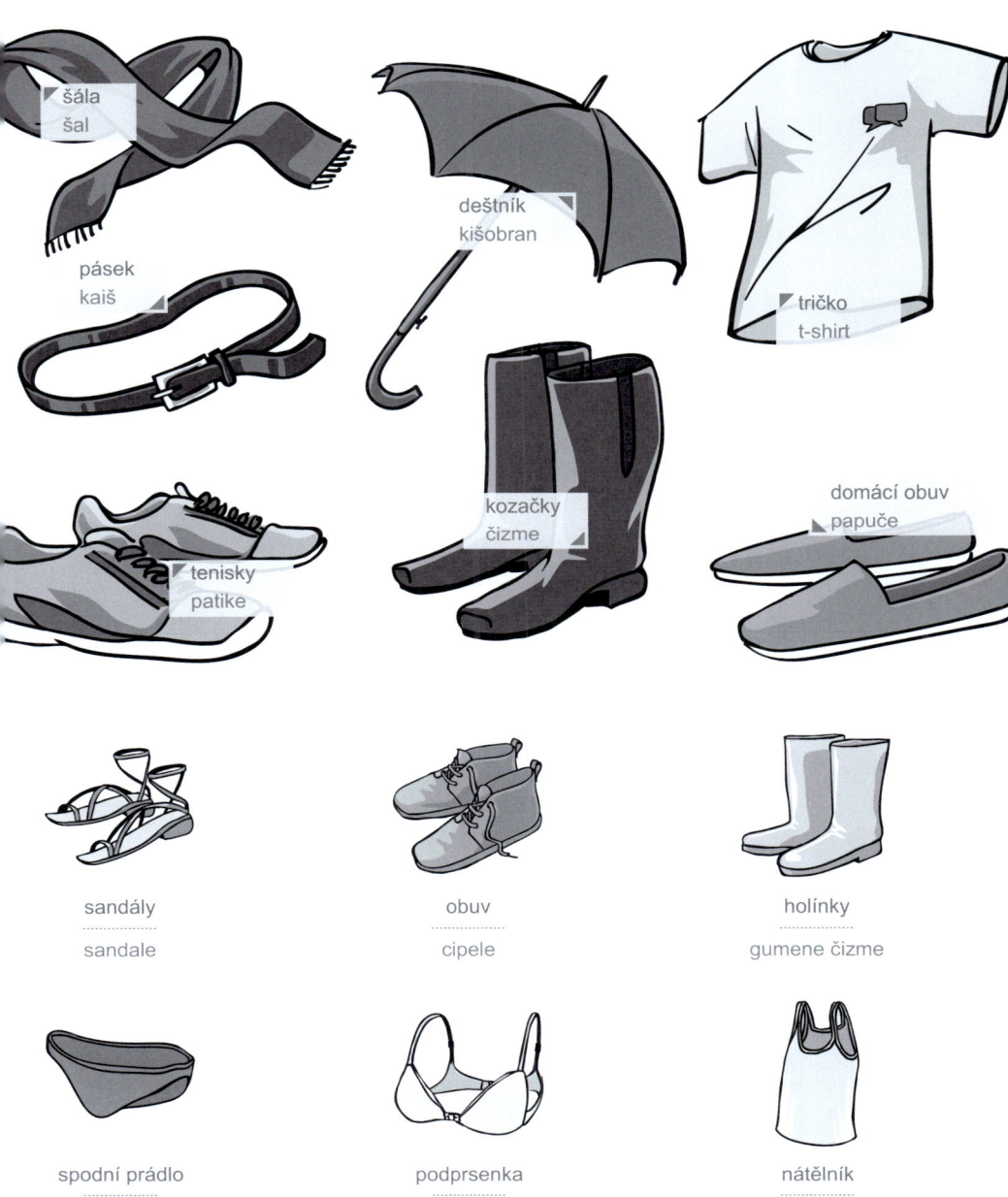

šála
šal

pásek
kaiš

deštník
kišobran

tričko
t-shirt

tenisky
patike

kozačky
čizme

domácí obuv
papuče

sandály
sandale

obuv
cipele

holínky
gumene čizme

spodní prádlo
gaćice

podprsenka
grudnjak

nátělník
potkošulja

oblečení - odjeća

body
bodi

kalhoty
hlače

džíny
džins

sukně
haljina

blůza
bluza

košile
košulja

svetr
džemper

mikina
pulover s kapuljačom

blejzr
blejzer

bunda
jakna

kabát
kaput

pláštěnka
kabanica

kostým
kostim

šaty
haljina

svatební šaty
vjenčanica

oblek

odijelo

noční košile

spavaćica

pyžamo

pidžama

sárí

sari

šátek na hlavu

rubac

turban

turban

burka

burka

kaftan

kaftan

abája

abaja

plavky

kupaći kostim

pánské plavky

kupaće gaćice

kraťasy

kratke hlače

tepláková souprava

odjeća za trening

zástěra

pregača

rukavice

rukavice

knoflík

gumb

brýle

naočale

náramek

narukvica

náhrdelník

ogrlica

prsten

prsten

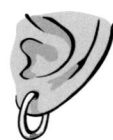

náušnice

naušnica

čepice

kapa

ramínko

vješalica

klobouk

šešir

kravata

kravata

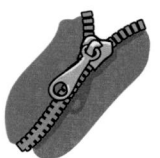

zip

patent zatvarač

helma

kaciga

kšandy

naramenice

školní uniforma

školska uniforma

uniforma

uniforma

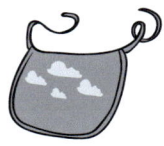

bryndák

podbradak

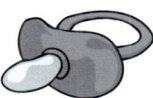

dudlík

duda

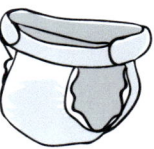

plena

pelena

kancelář

ured

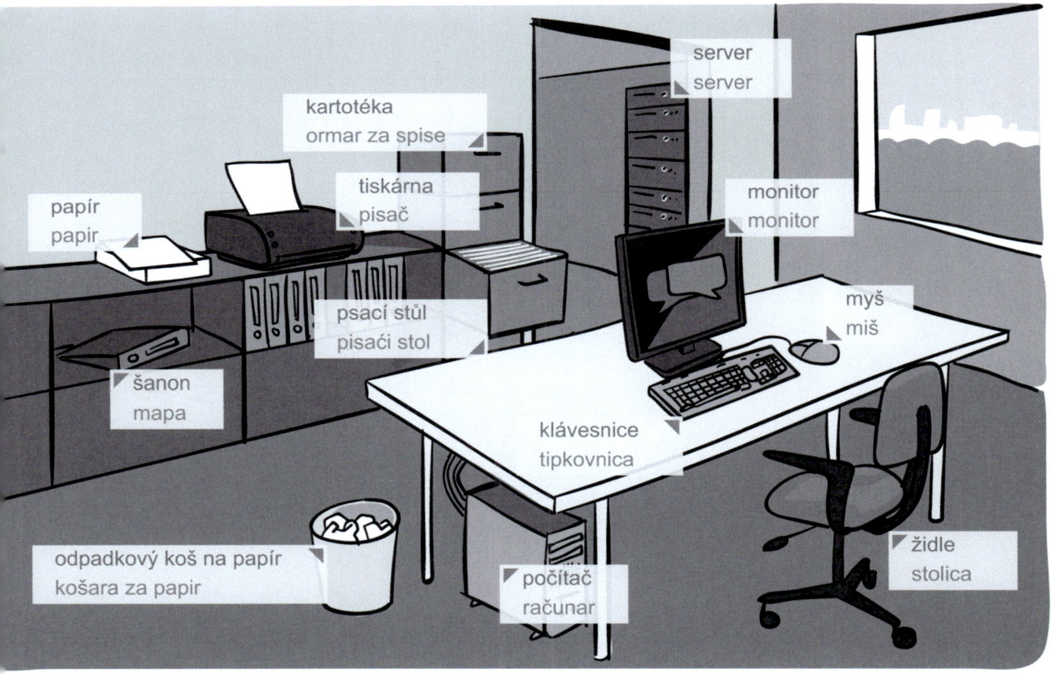

server
server
kartotéka
ormar za spise
tiskárna
pisač
papír
papir
monitor
monitor
myš
miš
psací stůl
pisaći stol
šanon
mapa
klávesnice
tipkovnica
odpadkový koš na papír
košara za papir
počítač
računar
židle
stolica

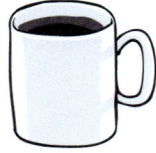

hrnek na kávu

šalica za kavu

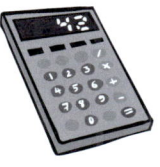

kalkulačka

kalkulator

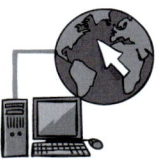

internet

internet

notebook

laptop

dopis

pismo

zpráva

poruka

mobil

mobilni telefon

síť

mreža

kopírka

uređaj za kopiranje

software

softver

telefon

telefon

zásuvka

utičnica

fax

faks

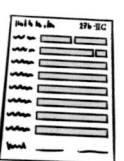

formulář

obrazac

dokument

dokument

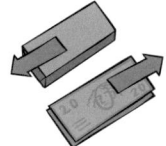

nakupovat

kupovati

zaplatit

platiti

jednat

trgovati

peníze

novac

**USD**

dolar

dolar

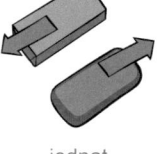**EUR**

euro

euro

**JPY**

jen

jen

**RUB**

rubl

rubalj

**CHF**

frank

švicarski franak

**CNY**

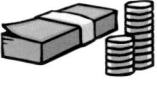

juan

renmindbi yuan

**INR**

rupie

rupija

bankomat

automat za novac

směnárna

mjenjačnica

zlato

zlato

stříbro

srebro

olej

nafta

energie

energija

cena

cijena

smlouva

ugovor

daň

porez

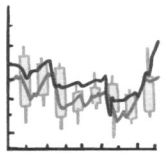

akcie

dionica

pracovat

raditi

zaměstnanec

službenik

zaměstnavatel

poslodavac

továrna

tvornica

obchod

prodavaonica

povolání
zanimanja

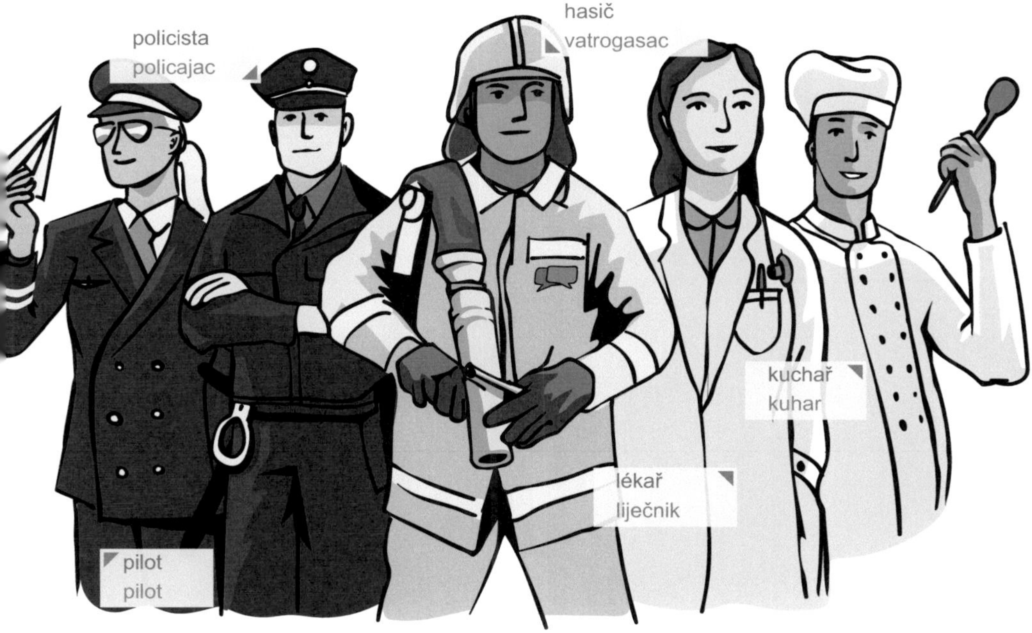
policista
policajac
hasič
vatrogasac
kuchař
kuhar
lékař
liječnik
pilot
pilot

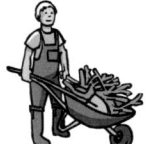

zahradník
vrtlar

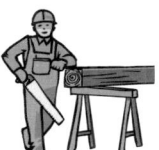

truhlář
stolar

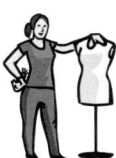

švadlena
krojačica

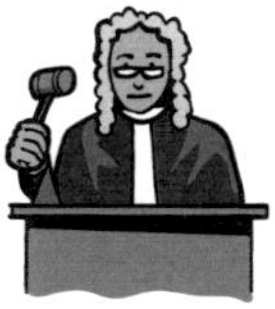

soudce
sudija

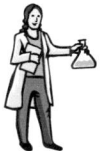

chemik
kemičar

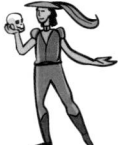

herec
glumac

řidič autobusu

vozač autobusa

řidič taxi

vozač taksija

rybář

ribar

uklízečka

čistačica

pokrývač

krovopokrivač

číšník

konobar

myslivec

lovac

malíř

slikar

pekař

pekar

elektrikář

električar

stavební dělník

građevinski radnik

inženýr

inženjer

řezník

mesar

klempíř

limar

listonoš

poštar

voják

vojnik

architekt

arhitekta

pokladní

blagajnik

florista

cvjećar

kadeřník

frizer

průvodčí

kondukter

mechanik

mehaničar

kapitán

kapetan

zubař

zubar

vědec

znanstvenik

rabín

rabi

imám

imam

mnich

monah

duchovní

svećenik

nářadí
alati

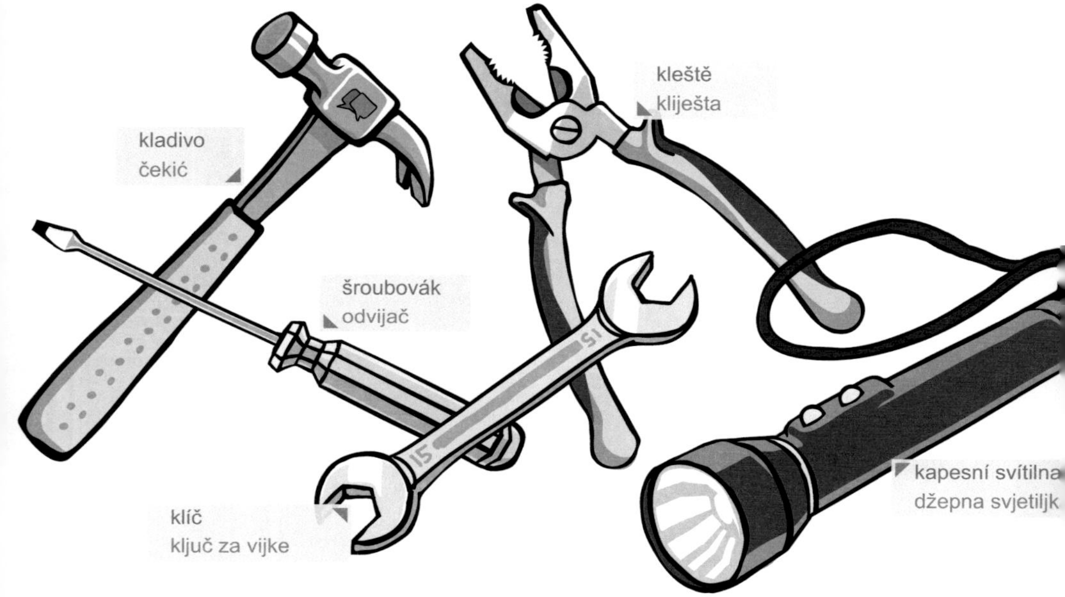
kladivo
čekić
kleště
kliješta
šroubovák
odvijač
klíč
ključ za vijke
kapesní svítilna
džepna svjetiljk

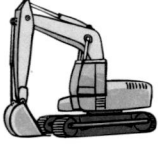

bagr

rovokopač

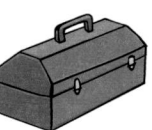

skříň na nářadí

kutija za alat

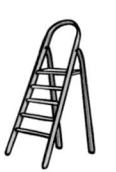

žebřík

ljestve

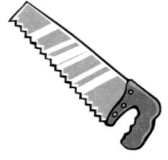

pila

pila

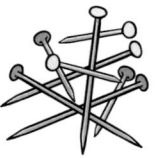

hřebíky

ekser

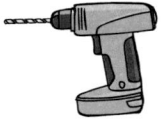

vrtačka

bušilica

opravit	lopata	Kurva!
popraviti	lopata	Sranje!

lopatka	vědroé na barvu	šrouby
lopatica	lonac za boju	vijci

hudební nástroje
glazbeni instrument

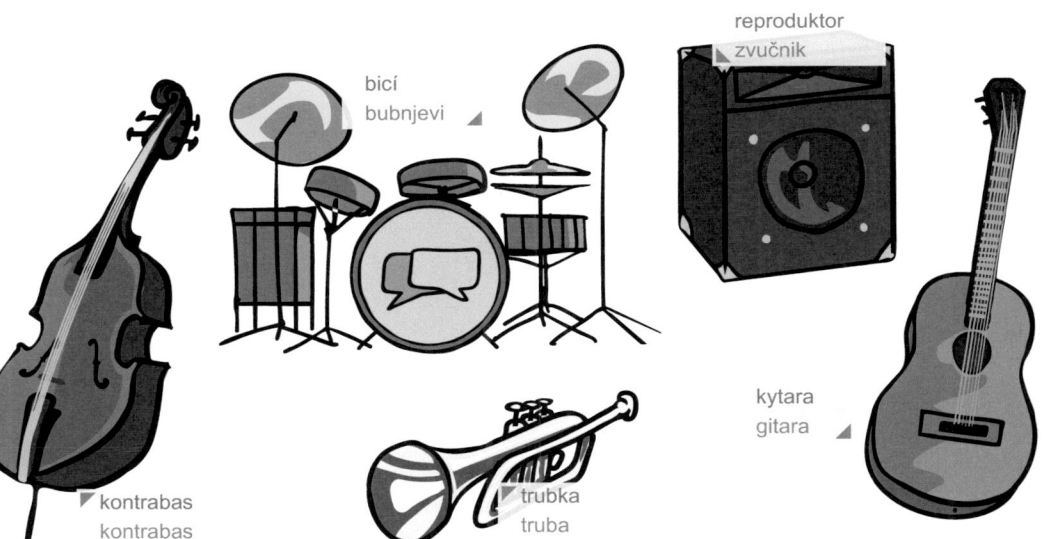

bicí
bubnjevi

reproduktor
zvučnik

kontrabas
kontrabas

kytara
gitara

trubka
truba

klavír

klavir

housle

violina

basa

bas

tympán

timpani

bubny

udaraljke za bubnjeve

keyboard

keyboard

saxofon

saksofon

flétna

flauta

mikrofon

mikrofon

zoo

zoološki vrt

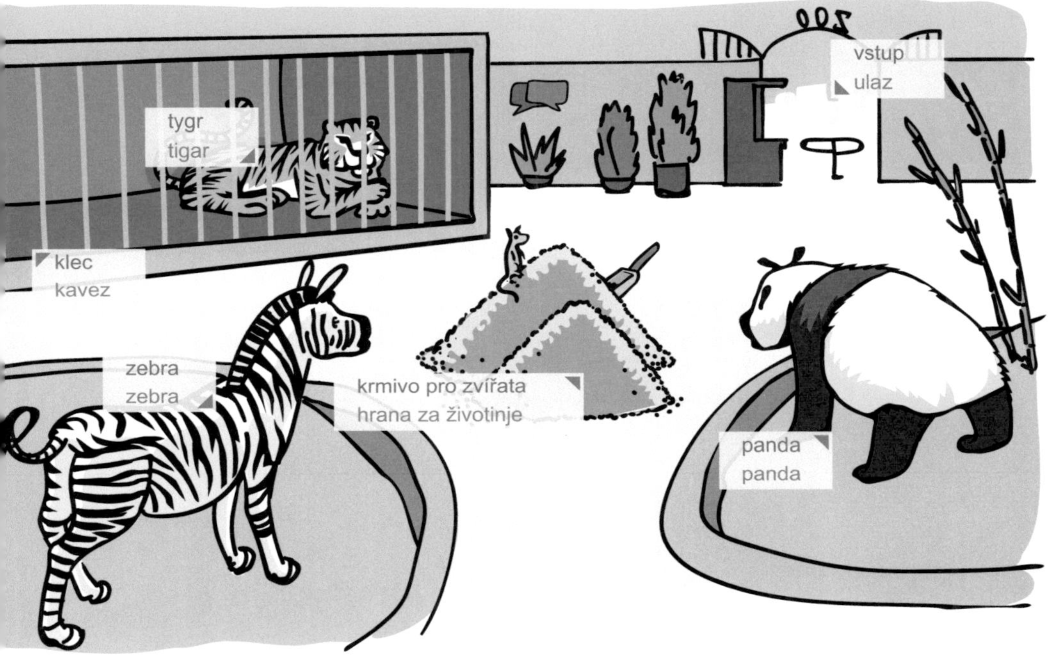

vstup
ulaz
tygr
tigar
klec
kavez
zebra
zebra
krmivo pro zvířata
hrana za životinje
panda
panda

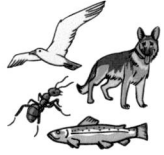

zvířata

životinje

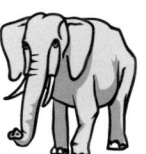

slon

slon

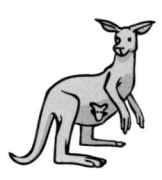

klokan

kengur

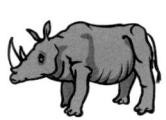

nosorožec

nosorog

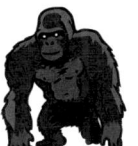

gorila

gorila

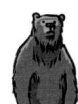

medvěd

medvjed

velbloud

kamila

pštros

noj

lev

lav

opice

majmun

plameňák

flamingo

papoušek

papagaj

lední medvěd

polarni medvjed

tučňák

pingvin

žralok

ajkula

páv

paun

had

zmija

krokodýl

krokodil

ošetřovatel zvířat

čuvar u zoološkom vrtu

tuleň

tuljan

jaguár

jaguar

poník
poni

leopard
leopard

hroch
nilski konj

žirafa
žirafa

orel
orao

divoké prase
divlja svinja

ryby
riba

želva
kornjača

mrož
morž

liška
lisica

gazela
gazela

americký fotbal
americki nogomet

cyklistika
biciklizam

tenis
tenis

košíková
košarka

plavání
plivanje

lední hokej
hockey na ledu

box
boks

kopaná
nogomet

badminton
badminton

lehká atletika
atletika

házená
rukomet

běh na lyžích
skijanje

vodní pólo
polo

smát se
smijati se

skočit
skočiti

objímat
zagrliti

jít
ići

zpívat
pjevati

snít
sanjati

modlit se
moliti se

políbit
poljubiti

psát
pisati

kreslit
crtati

ukazovat
pokazati

tlačit
gurati

dát
dati

vzít si
uzeti

mít
imati

dělat
činiti

být
biti

stát
stojati

běhat
trčati

táhnout
povlačiti

hodit
baciti

padat
padati

ležet
ležati

čekat
čekati

nosit
nositi

sedět
sjediti

oblékat
oblačiti

spát
spavati

vzbudit se
probuditi se

prohlédnout si

gledati

plakat

plakati

pohladit

milovati

česat

češljati

hovořit

govoriti

rozumět

razumjeti

ptát se

pitati

slyšet

slušati

pít

piti

jíst

jesti

uklidit

pospremiti

milovat

voljeti

vařit

kuhati

jet

voziti

letět

letjeti

plachtit

ploviti

počítat

računati

číst

čitati

učit se

učiti

pracovat

raditi

vzít si

vjenčati se

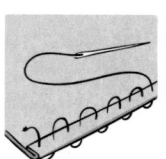

šít

šiti

čistit si zuby

prati zube

zabít

ubiti

kouřit

pušiti

poslat

poslati

rodina
obitelj

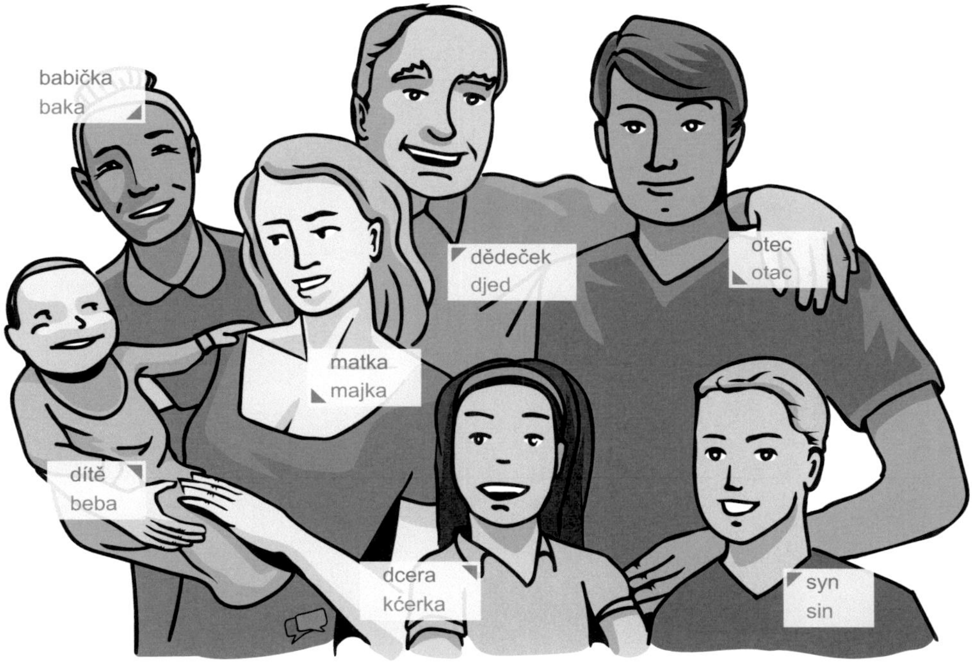
babička
baka
dědeček
djed
otec
otac
matka
majka
dítě
beba
dcera
kćerka
syn
sin

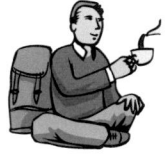

host

gost

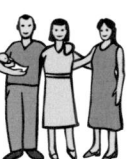

teta

tetka

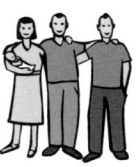

strýc

ujak, stric

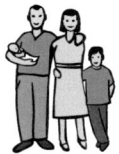

bratr

brat

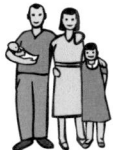

sestra

sestra

tělo

tijelo

čelo
čelo
oko
oko
rameno
rame
prst
prst
obličej
lice
brada
brada
ruka
ruka
dolní končetina
noga
hruď
grudi
paže
ruka

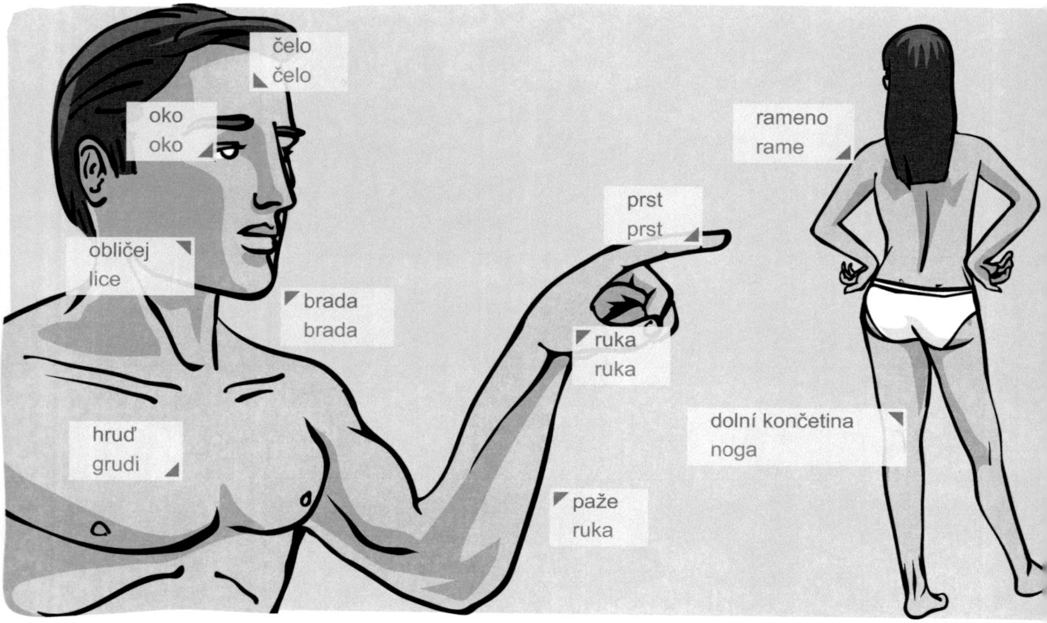

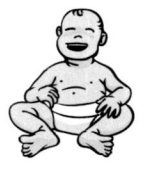

dítě

beba

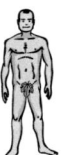

muž

muškarac

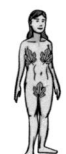

žena

žena

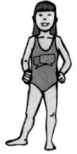

dívka

djevojčica

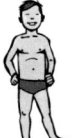

chlapec

dječak

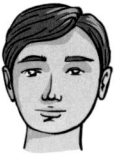

hlava

glava

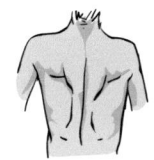

záda
leđa

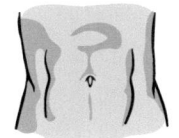

břicho
trbuh

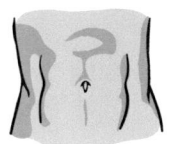

pupík
pupak

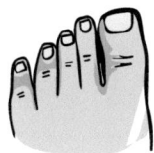

prst na noze
nožni prst

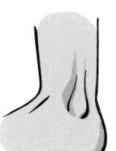

pata
peta

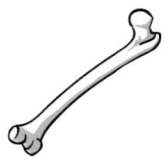

kost
kost

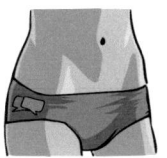

bok
kuk

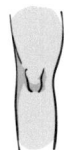

koleno
koljeno

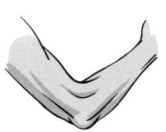

loket
lakat

nos
nos

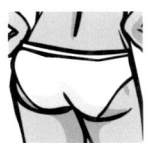

zadek
stražnjica

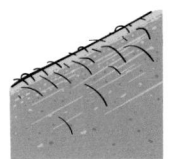

kůže
koža

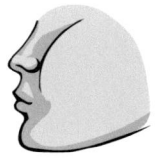

tvář
obraz

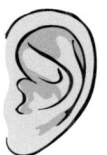

ucho
uho

ret
usna

tělo - tijelo

ústa

usta

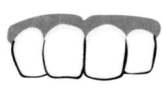

zub

zub

jazyk

jezik

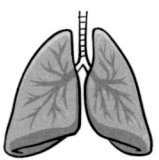

mozek

mozak

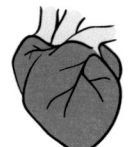

srdce

srce

sval

mišić

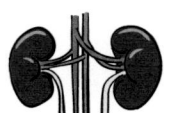

plíce

pluća

játra

jetra

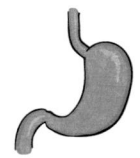

žaludek

želudac

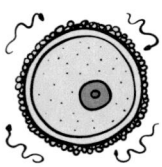

ledviny

bubrezi

pohlavní styk

snošaj

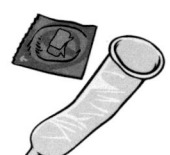

kondom

kondom

vajíčko

jajna stanica

sperma

sperma

těhotenství

trudnoća

tělo - tijelo

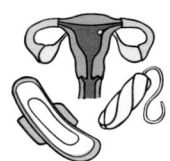

menstruace
menstruacija

vagina
vagina

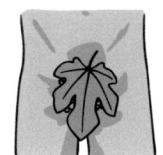

penis
penis

oboči
obrva

vlasy
kosa

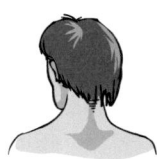

krk
vrat

nemocnice
bolnica

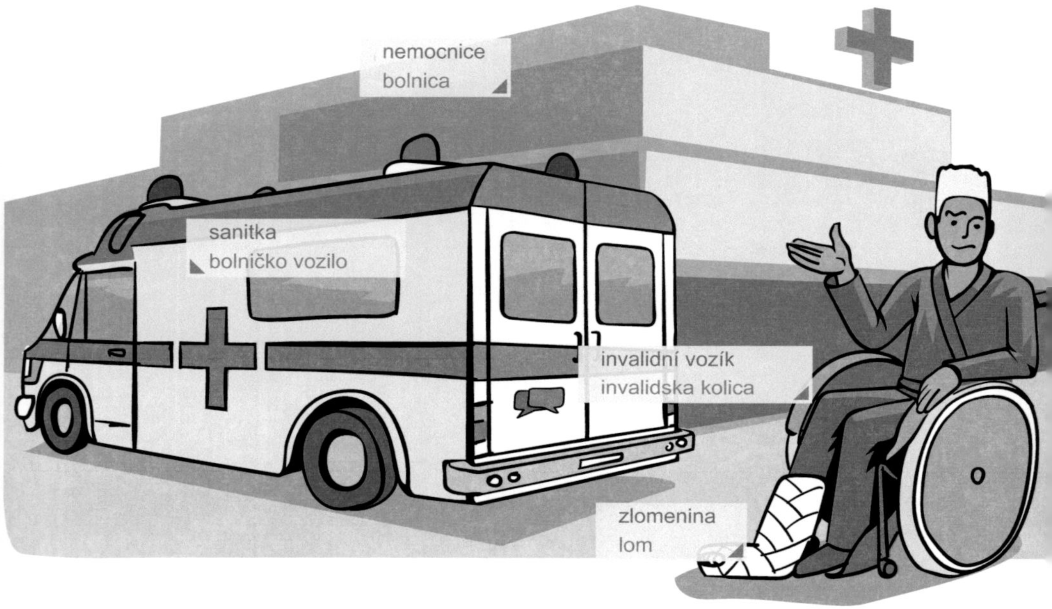

nemocnice
bolnica

sanitka
bolníčko vozilo

invalidní vozík
invalidska kolica

zlomenina
lom

lékař
liječnik

pohotovost
hitna medicinska služba

zdravotní sestra
medicinska sestra

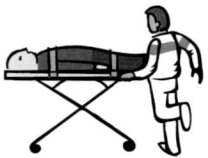

urgentní případ
hitni slučaj

v bezvědomí
nesvijest

bolest
bol

úraz

ozljeda

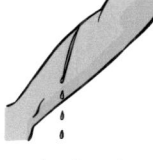

krvácení

krvarenje

infarkt myokardu

srćani infarkt

cévní mozková příhoda

moždani udar

alergie

alergija

kašel

kašalj

horečka

groznica

chřipka

gripa

průjem

proljev

bolest hlavy

glavobolja

rakovina

rak

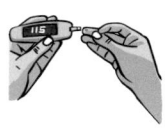

cukrovka

dijabetes

chirurg

kirurg

skalpel

skalpel

operace

operacija

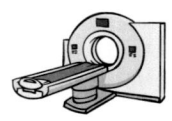

CT
ct

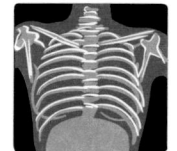

rentgen
rentgen

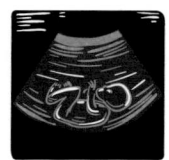

ultrazvuk
ultrazvuk

maska
maska

nemoc
bolest

čekárna
čekaonica

berle
štaka

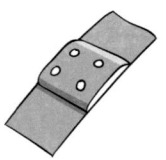

náplast
flaster

obvaz
zavoj

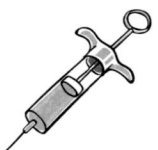

injekce
injekcija

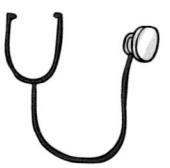

stetoskop
stetoskop

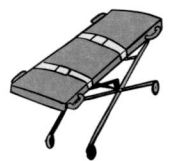

nosítka
nosilo

teploměr
termometar

porod
rođenje

nadváha
prekomjerna težina

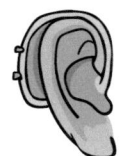

naslouchátko

slušni aparat

dezinfekční prostředek

sredstvo za dezinfekciju

infekce

infekcija

virus

virus

HIV / AIDS

hiv / sida

lékařství

medicina

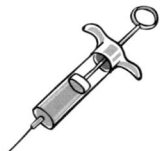

očkování

vakcinacija

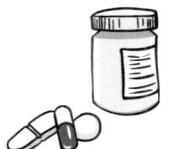

tablety

tablete

pilulka

pilula

tísňové volání

poziv u pomoć

tonometr

uređaj za mjerenje tlaka

nemocný / zdravý

bolesno / zdravo

Pomoc!

pomoć!

poplach

alarm

přepadení

nasrtaj

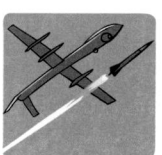

napadení

napad

nebezpečí

opasnost

nouzový východ

izlaz za nuždu

Hoří!

požar!

hasicí přístroj

vatrogasni aparat

nehoda

nezgoda

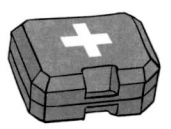

zdravotnická brašna

kofer prve pomoći

SOS

sos

policie

policija

Evropa

Europa

Severní Amerika

sjeverna amerika

Jižní Amerika

južna amerika

Afrika

Afrika

Asie

Azija

Austrálie

Australija

Atlantik

Atlantik

Pacifik

Pacifik

Indický oceán

ocean

Jižní ledový oceán

antarktički ocean

Severní ledový oceán

arktički ocean

severní pól

sjeverni pol

jižní pól
južni pol

Antarktida
Antarktik

země
zemlja

pevnina
zemlja

moře
more

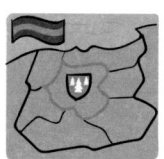

ostrov
otok

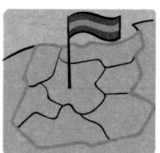

národ
nacija

stát
država

ciferník

brojčanik sata

hodinová ručička

satna kazaljka

minutová ručička

minutna kazaljka

vteřinová ručička

sekundna kazaljka

Kolik je hodin?

Koliko je sati?

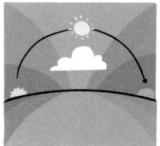

den

dan

čas

vrijeme

teď

sada

digitální hodinky

digitalni sat

minuta

minuta

hodina

sat

pondělí
ponedjeljak

středa
srijeda

pátek
petak

MO
TU
W
TH
FR
SA
SO

úterý
utorak

čtvrtek
četvrtak

sobota
subota

neděle
nedjelja

včera	dnes	zítra
jučer	danas	sutra

ráno	poledne	večer
jutro	podne	večer

pracovní dny	víkend
radni dani	vikend

déšť
kiša

duha
duga

sníh
snijeg

vítr
vjetar

jaro
proljeće

léto
ljeto

podzim
jesen

zima
zima

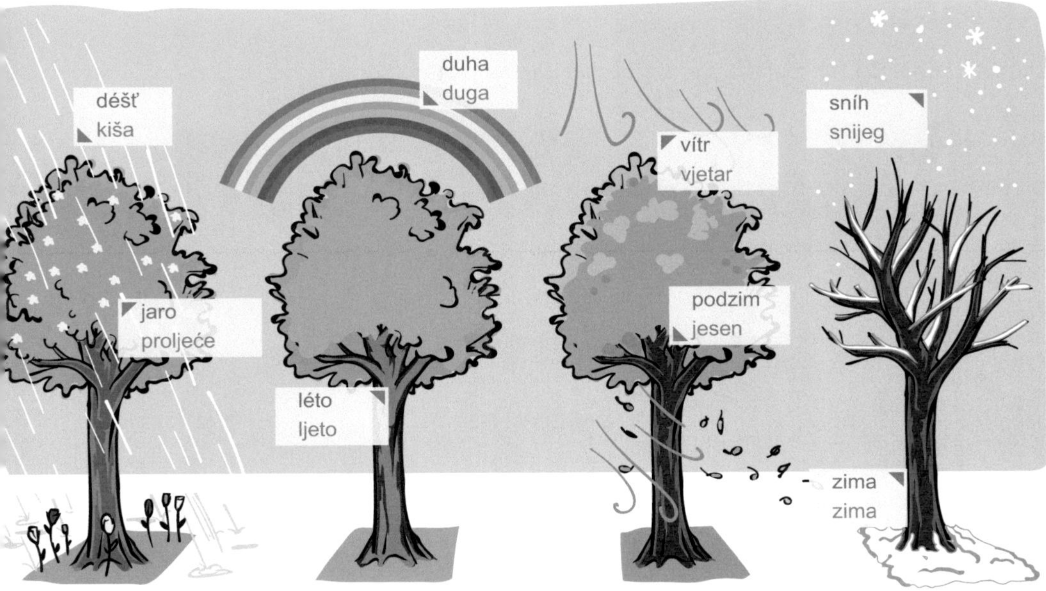

předpověď počasí

meteorološka prognoza

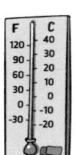

teploměr

termometar

sluneční svit

sunčana svjetlost

mrak

oblak

mlha

magla

vlhkost

vlažnost zraka

blesk

munja

hrom

grmljavina

bouřka

oluja

kroupy

tuča

monzun

monsun

povodeň

poplava

led

led

leden

siječanj

únor

veljača

březen

ožujak

duben

travanj

květen

svibanj

červen

lipanj

červenec

srpanj

srpen

kolovoz

září

rujan

říjen

listopad

listopad

studeni

prosinec

prosinac

tvary

oblici

kruh

krug

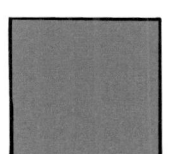

čtverec

kvadrat

obdélník

pravokutnik

trojúhelník

trokut

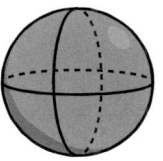

koule

kugla

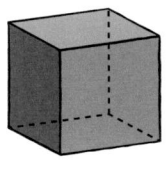

krychle

kocka

bílá

bijela

žlutá

žuta

oranžová

narančasta

růžová

ružičasta

červená

crvena

fialová

ljubičasta

modrá

plava

zelená

zelena

hnědá

smeđa

šedá

siva

černá

crna

hodně / málo

mnogo / malo

rozzuřený / mírumilovný

ljutito / mirno

krásný / ošklivý

lijepo / ružno

začátek / konec

početak / kraj

velký / malý

veliko / maleno

světlý / tmavý

svijetlo / tamno

bratr / sestra

brat / sestra

čistý / špinavý

čisto / prljavo

úplný / neúplný

potpuno / nepotpuno

den / noc

dan / noć

mrtvý / živý

mrtvo / živo

široký / úzký

široko / usko

jedlý / nejedlý

jestivo / nejestivo

zlý / hodný

zlo / dobro

vzrušený / znuděný

uzbuđeno / dosadno

tlustý / hubený

debelo / mršavo

nejdříve / naposledy

na početku / na kraju

přítel / nepřítel

prijatelj / neprijatelj

plný / prázdný

puno / prazno

tvrdý / měkký

tvrdo / mekano

těžký / lehký

teško / lagano

hlad / žízeň

glad / žeđ

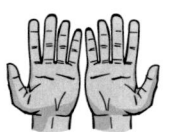

nemocný / zdravý

bolesno / zdravo

ilegální / legální

ilegalno / legalno

inteligentní / hloupý

pametno / glupo

vlevo / vpravo

lijevo / desno

blízko / daleko

blizu / daleko

86   protiklady - suprotnosti

nový / použitý

novo / rabljeno

nic / něco

ništa / nešto

starý / mladý

staro / mlado

zapnutý / vypnutý

uključeno / isključeno

otevřeno / zavřeno

otvoreno / zatvoreno

tichý / hlasitý

tiho / glasno

bohatý / chudý

bogato / siromašno

správný / špatný

točno / pogrešno

drsný / hladký

hrapavo / glatko

smutný / šťastný

tužno / sretno

krátký / dlouhý

kratko / dugo

pomalý / rychlý

polako / brzo

vlhký / suchý

mokro / suho

teplý / chladný

toplo / hladno

válka / mír

rat / mir

0

nula

nula

1

jedna

jedan

2

dva

dva

3

tři

tri

4

čtyři

četiri

5

pět

pet

6

šest

šest

7

sedm

sedam

8

osm

osam

9

devět

devet

10

deset

deset

11

jedenáct

jedanaest

12

dvanáct

dvanaest

13

třináct

trinaest

14

čtrnáct

četrnaest

15

patnáct

petnaest

16

šestnáct

šestnaest

17

sedmnáct

sedamnaest

18

osmnáct

osamnaest

19

devatenáct

devetnaest

20

dvacet

dvadeset

100

sto

stotinu

1.000

tisíc

tisuću

1.000.000

milion

milijun

jazyky
jezici

angličtina

engleski

americká angličtina

američko engleski

standardní čínština

kinesko mandarinski

hindština

hindi

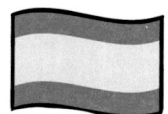

španělština

španjolski

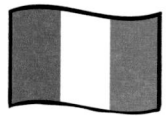

francouzština

francuski

arabština

arapski

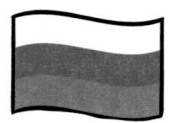

ruština

ruski

portugalština

portugalski

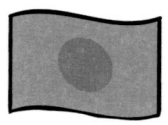

bengálština

bengalski

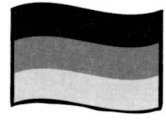

němčina

njemački

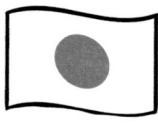

japonština

japanski

já
ja

ty
ti

on / ona / ono
on / ona / ono

my
mi

vy
vi

oni
oni

Kdo?
tko?

Co?
što?

Jak?
kako?

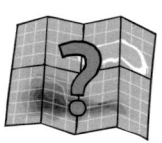

Kde?
gdje?

Kdy?
kada?

jméno
ime

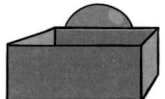

za

iza

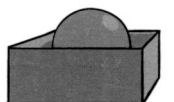

do

u

z

ispred

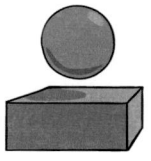

nad

preko

na

na

mezi

ispod

vedle

pored

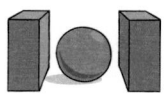

mezi

između

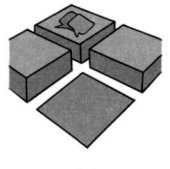

místo

mjesto